JN438607

040
다시올시선

인연 따라잡기

김학란

040
다시올시선

인연 따라잡기

김학란

생각이 언어로 탄생하지 못하니
꽃으로 피어나지 못하고
이유 없이 많은 시간을 헤매는 모음의 낱자들과
떠돌기만 하는 자음은 언제 단어 되어
내게 다가올지 아득하기만 한
나의 문장들이여

어디메쯤 방황하다 체포당할
나의 꽃이여 단어들이여

2021년 2월
김학란

■ 차례 ■

1부
같은 모양 다른 모습

2부

어린왕자

■ 차례 ■

3부
그들의 여행

4부

햇빛의 마실

■跋文■

1부

같은 모양 다른 모습

어머니 생각

코스모스 길을 걸었습니다
호기심 많은 소녀처럼
고추잠자리를 쫓아다녔습니다
지치면 잠시 꽃밭에 앉아 봅니다
끝없는 꽃길을 걷다 보면
문득 어머니 모습이 떠오릅니다

꽃송이를 꺾어 들고 웃는 딸에게
눈으로만 보라며 혼내셨던 어머니
밥 짓는 저녁연기
산언저리로 번져 오를 때면
날 부르던 목소리

코스모스 핀 길에 서면
당신의 따스했던 사랑
진하게 저며 옵니다

달밤

뽀드득뽀드득
아직도 눈 위를 걸으면 들리는 동심
하얀 빙수 모양
장독 위에 수북한 밥처럼 눈이 쌓이고
호롱 불빛 아래 바느질하시는 우리 엄마
허술한 저녁도 잊은 채
만 가지 설음을 바늘귀에 꿰매며
장에 가신 아버지를 기다리시는데
학란아~학란아~
약주 드신 아버지 춤추며 열리는 나무 대문
달콤한 군고구마 들고 오시는 아버지
허술한 저녁 식사였던 울 엄마 허기 채워지는
따스한 울아버지 음성

간 절인 손가락

이야기가 숨어 있는
마디의 기다란 손가락

손가락 마디의 길목에는
귀와 눈 코 입 우주가 공존한다

고집 센 아기 손가락
여린 마음 약지 손가락
뚝심으로 지키는 장지 손가락

엄지를 따를까
장지를 닮을까 가여운 식지
손가락마다 간 보는
엄지 고향 손바닥 지역

정적 · 1

연보랏빛 국화
노오란 장미와 하얀 안개꽃

네모난 상자 안에
먼지들이 날개를 접고
쓰러져 있습니다
먼지에 업힌 꽃들이
그리움에 지친 여자를
물끄러미 바라보고 있습니다

꽃잎에 물기마저 사라진 지 오래된 것 같지만
먼지들이 여자를 바라보듯
여자 또한 먼지 위에 마른 꽃잎들을 바라봅니다

정적 · 2

삶이 시작된 그 날부터 그리움이 시작된 것처럼
끝없는 번뇌와 차디찬 얼음 조각의 모습으로
설익은 달걀을 만지듯
어설프기 짝이 없는 것이 인생인가 봅니다

그 푸른 세계 바다를 건너야 하는 것 또한
그의 삶인 것 같습니다
푸른 바다 가운데 어느 별빛이
쏟아지는 바다의 물결을 올려다보며
다른 풍경이 은빛 물고기처럼 펼쳐집니다

또는 일상

조용히 봄바람이
꽃향기를 몰고 옵니다
북쪽인지 서쪽인지
어느 계절이었는지 모를
그렇게 두서없는 바람이 이름을 달고
한결같이 바람이 붑니다
내일은 잠잠하려나
모레 그다음은 조용하려나
요일을 알 수 없어
손가락을 폈다가 오므렸다가
몇 번을 되풀이 한 듯 합니다
세고 있는 손가락이 모자라서
무엇을 셀까 생각해 봅니다
자주 빠져나간 머리카락을
세어보며
아직 남아서 엉켜 있는
그것들을
한 올 한 올 세어 봅니다

같은 모양 다른 모습

오월이다
첫날부터 메이는
오월
바라만 봐도 붉은 카네이션

엄마가 되어도
엄마를 따라갈 수 없는
사랑 인자함
엄마 노릇 잘한다고
먹이고 입히고 안아주고

나두 엄마인데
내 엄마 같지 않은
엄마이다 내가

동심

무한하고 알 수 없는 미래에 희망을 달고
보일 듯 말 듯 한 미래에 호기심을 품고
구름을 쫓아다녔습니다
잡히지도 않는 환상의 구름을 타고
파란 잔디에 누웠습니다

나를 묶는 끈들을 한 손에 쥔 채 집으로 향할 땐
해가 짐이 아쉬웠습니다

저 멀리 하늘 밑 작은 산으로
저녁연기 엉금엉금 스며들 때면
모래알보다 세일 수 없이 많았던
호기심 찬 메아리들이
슬픈 몸짓으로 들려오는 듯합니다
내 아이가 자란 지금도

희망

어두워졌어요
그렇게 힘겨운 하루 저물 것 같지 않던 뜨거움
살갗을 태울 것처럼
따가운 햇볕은 가버리고 시원한 밤이 되었어요

어두워졌어요
늘 자라기만 해야 하는 것처럼 버거운 밝음이더니
늘 걸어야 하는 것처럼 긴 행로만 보이더니
아찔아찔 뜨거운 길은 사라지고
이슬 살짝 내려앉은 밤이 되었어요

하루가 지나고 하루가 떠나고
어두운 밤이 버거운 날들이 찾아올지라도
감당 할 수 있는 힘찬 하루는 다시 시작되니까요

거미줄

하나를 토해내고 나면
다른 하나를 꿀꺽 삼키고 만다
어지러이 널려있는 망가진 테잎처럼
스스로 번호를 붙이고
순서를 기다린다
다 삼키지 못한 외로움은
꽁지 속 풀려 나오는 액체처럼
숨통을 조이고 있다

한 번도 남김없이 토해내지도
한 번도 소리 내 울어 보지도
한 번도 마음껏 포식하지 못한
그리움
오늘도 토해낼 허기가 메스꺼움을 느낀다

바램

생각들이 언어로 탄생하지 못하니
체포당할 일이 없고
이유 없이 많은 시간
헤매는 낱자들 떠도는 자음은
언제 단어로 내게 문장 되어 다가올지
어디메쯤 방황하다
체포당할 나의 단어들이여

꽃소식

꽁꽁 언 강이 녹고 나니

긴 시간 한파를 견뎌온

시린 산을

따뜻한 강물이 품었다

가지에 오른 물로 나무는

살아갈 힘을 얻고

봄

봄은 쿵쾅대며

미소 짓게 하는 설레임이다

선물

건너편 부대에서 힘차게 들리는
기상 나팔소리보다
말없이 창가에 들어선 햇살이
무겁게 감겨진 눈꺼풀을 쉽게도 깨운다
약간의 자유가 허락되고 조금의
슬픔이 겨워지는 밤

그런 밤을 새우고 나면
단정한 복장을 하고
날 기다리시는 아버지 모습이다

손에 쥔 하루를 잘 전달하거나
시간 안에 도착해야 하는
시한폭탄처럼
함부로 다루거나 너무 늦장 부리면 펑 ~ 하고
사라질 것 같은 아버지의 심부름

매번 같은 아침이지만 늘 다른 설레임과
긴장을 포장한
하늘의 선물이다
아침은

감꽃

생리를 시작하면서 작게 부어오르기 시작한
젖꼭지 같은 하얀 감꽃을 보며 눈물이 핑 돌았던 기억
서울에서 이사 온 윗집 사내아이는
키가 크고 하얀 피부에 눈웃음이 가득 찬 얼굴
골목 어귀를 돌고 돌아
쿵쾅거리며 뛰는 가슴은 여전한데
아무 일 없다는 듯
마주친 사내아이는

어딜 가니…

난
널 피한다는 것이
널 찾아 헤맸는데

그네

입 안 가득 구겨 넣은 고독이
말이 없는 목젖에 매달려 그네를 탄다

발에 꼭 맞는 신발을 신어도
굳은 결심을 한 듯 떼어지지 않는 무거움

먹어도 먹어도 허기가 더해지는 내장
처절한 욕심으로 더욱 허탈한 시장기

조잘조잘 현기증을 일으키며 재잘대도
마음은 비워지지 않고 쌓여가는 외로운 단어들

터지지 않은 고름 가득한 종기처럼
뜨거운 열기만이 낱자들을 재우고

그네를 타고 있는 고독을 위해
이름 없는 언어들을 불러 본다

울타리

아파트 밖을 나가면 아카시아 향기가 가슴을 노크하고
가까운 산에는 물 먹은 자태를 그대로 보여주는
과감한 표현에 황홀하고 감사할뿐이다
조용히 앉아 아이들의 울타리를 생각해 본다
화장실은 허름했고 부엌은 옹색하기 그지없고
방안은 온통 옷이며 사진이며 정신없이 벽을 장식한
지저분한데 아름다웠던 집
미아리 꼭대기에 마을을 돌아 계단을 오르면 작고 큰 그녀의
집이 있었다
그 친구는 항상 웃어 주었고 도시락을 준비했고 결정적인 순간에는
단호하고 당당한 친구의 원동력은 가족끼리 주고받은 사랑의 힘이었다
그와 다르게 텅 빈 자취방에 돌아와 일찍 자라고 피곤하다고 걱정해주지 않는
밤을 가족을 그리며 새벽을 맞이하곤 했다

결혼을 하고 예상치 않은 현실에 어느 담이 허물고 있는지

가지는 꺾이지 않았는지 노력하며 조심할 뿐
그저 세월을 따라갈 수밖에 없었다
아름다웠던 미아리 친구의 집처럼 난 아이들에게
참다운 울타리였는지
차갑게 생각해 봐야 할 것이다

어느 슬픈 날

천둥소리가 가슴에서 들렸다

양 볼과 콧등이 시위를 했다

두 개의 동공에 손가락만 한 침을 놓았다

빼근하고 저려와 더 이상 견딜 수가 없었다

결국 그들이 원하는 것을 남김없이 흘려주었다

두 개의 동공은

마주하는 겨울

몸부림치는 파도의 허기를 채우려
안개꽃처럼 내리는 흰 눈
겨울은 바다가 과식을 하는 계절
바다는 눈으로 허기를 채우고
나무의 허기는
소낙비 내리는 여름까지 기다림을 배워야 한다
굶주림에 아파하는 추위가 아니길
아픈 상처 덧나지 않는
언 가슴으로 누구도 찔리지 않는 고드름이길
한 움큼 잡으면 뭉치는 떡가루 같은 흰 눈이
은빛 내리는 따스한 햇살은 허기를 채우고

사각 테이블

빨그레한 색채를 띠고 손바닥만 한 접시에
눈알을 반짝이며 앉아있는 날치알
외로운 자신을 위해
멀고 긴 푸른 바다를 건너와 입을 벌린 자에게
들어가기 위해 뚜껑이 열려진 참치
참치와 고향이 같은 파란 김은
뜨거운 인생 경험을 하고 난 후라
제빛을 잃은 지 오래된 듯
검은색을 입고 완전 재활이 가능치 않은 상태로
좌절에 벙어리가 되어있는 듯하다
늘 자기가 제일이다 다툼이 심한 고등어는
등어리를 떼어낸 채 그의 신체에 맞는 기다란 자화상이 그려있는 접시 위에
앙상한 갈비만이 그의 처절한 투쟁을 짐작할 수 있도록 널려있다
자신을 다 바쳐 맛의 생기를 불어주겠다고 온몸을 불태워 가루가 되어버린
고추장은 모습만으로도 그의 의지를 엿볼 수가 있다
그 경지에 도달해 보겠다고 굳은 의지로 몇 시간째 앉아있는 시퍼런 고추의 모습은
그저 안쓰러울 뿐…

몸집이 크고 자기만을 위해 식탐을 내다
망가져 가는 모습을 그들은 자랑으로 여기는 대파
그런 대파와 가문이 다르다며
흰 대가리와 길게 늘어선 푸른 꼬리를 뽐내며
애무하며 위로하는 쪽파김치 그도 아무 데나 앉을 수 없다며
그 비싼 도자기에 몸을 구부린 채로 담겨있다
모든 맛이 다 부질없다며
빛도 맛도 한결같이 모두를 포용하는
오지랖 넓은 배추김치는 오늘도 치맛바람 휘날리며
지친 몸 줄기 위에 살포시 무릎을 감춘 채로 말이 없다

말이되기도하고안되기도한어수선한웃기는말들로
세남자들을문밖으로여행을시키고난 후

여자는 말없이
사각 테이블 끝자락에 놓인 물컵을 들었다

가을 자락

논두렁을 걷다가
대문을 솜털로 장식한
콩깍지를 보았습니다

상현달이 온달을 만들 때쯤이면
하얀 송편 속살로 들어갈
검정콩

그랬습니다
두 계절을 노력한 자신을 보여주려
씨앗들은 옹골진 마음을 다지고

가을 잔치를 위해
마지막 손바느질을 하고 있나 봅니다

2부

어린왕자

한줄시 · 1

가을의 모든 꽃은 눈물을 흘리나 봅니다
제목이 머리에서 줄넘기를 합니다
한 발 뛰면 다시 줄이 눈앞에서 넘기를 기다리고
다시 한 발 뛰면 다람쥐가 생각나고
뱅글뱅글 녹아지는 뽑기 설탕처럼
단어들이 사라집니다
답답함에 줄을 끊어버려야겠다는
생각이 스쳐 갑니다

한줄시 · 2

좁쌀만 한 움들이 나올 때마다
어머 어머 저것 좀 봐 했는데
어느새 푸른 숲으로 그늘을 만들고 있습니다
애무하듯 내리 쬐는 햇살이 마냥 행복합니다

한줄시 · 3

구름 사이로 숨은 달빛
근심 가득한 표정으로
내일이 맑지만은 않겠다는 각오를 하는 것 같습니다
두런두런 마을 어귀에서 누군가의 말소리가 들려옵니다
아우성치듯 벚꽃이 만개하는 요즘처럼 그런 날 기대해 봅니다

거울

어머! 재는 어떻데
너 아니?
누구는 너무 흉하드라
안 그러니?
개는 어쩌구
사는 게 웃긴다드라
몰랐지?

그는
일상생활을 벗어나
구경거리가 많고
가보지 않은 사람은 바보라고
남들도 즐겨 찾는다는
놀이 공원을 찾았다
신기하고 지루하지 않은
특별한 체험을 하기 위해
잘 짜이고 가꾸어 논
자연의 아름다움에
눈은 커지고 가슴은 뛰었다
처음 타보는 놀이기구
정리되어진 손 탄 정원에
그는 넋을 잃었다

또한
자신의 변하는 모습을 볼 수 있다는
신비의 거울 앞에
그는 망설이며 다가갔다
그러나 그곳엔
재, 개, 누구

그 흉한 모습들이 비쳐지고 있었다

거울에 비친 그가 누군지 몰라

한참을 웃으며 서 있었다

임진강

고단함과 황폐함 물들인 봉숭아 물인가

황톳빛 눈물 흐르는 임진강

사랑하는 사람들의 만날 수 없는 아픔으로

해마다 북측의 시신이 한 되어 내려오는 이곳

부모 형제 지척에 두고 바라만 보는 북녘 하늘

마음 풀어 한번 울지도 못했는데

임진강은 유난히 붉은 물을 토해내고 있다

둘째에게 하는 엄마의 당부

사랑하는 둘째야
결혼하여 처음 형을 잉태하여 입덧도 심하고
태교의 중요성도 인식하지 못해 화나면 화나는 대로 슬프면 슬픈 대로
마음을 다스리지 못하고 뱃속의 형에게 조금도 배려를 못 했단다
반면에 너를 임신했을 땐 태교의 중요함을 뒤늦게 인식해서
노래도 들려주고 기쁜 마음으로 생활하려 애쓰고 노력했단다

또한 형은 처음으로 엄마의 문을 열고 나오느라 얼마나 스트레스가 있었겠니
모든 뼈가 두 마디는 물러나야 아기가 나온다던데
고통과 두려움이 오죽했겠니
넌 형이 열어놓은 문을 아주 쉽고 부드럽게 고통 없이 나온 거란다
20개월이면 형도 아기였는데 형이라는 이유로 뭐든 양보 해야 했고 참아야 했고 동생이 먼저였던 적이 많았단다
형도 업히고 싶었고 안기고 싶었을 텐데
한 번에 두 아이를 안을 수 없기에 늘 형이 양보를

했지

커서도 마찬가지로 둘이 잘못을 하면 형이 먼저 야단을 맞으니 넌 눈치로 행동을 바로 했기에 야단은 늘 형의 몫이었다

사랑하는 둘째야

형을 이해하고 형을 따르고 의지하길 바란다

너가 섬김으로 형이 정치를 잘 할 수 있도록 형으로 인해 너가 해택 받은 것이 둘째의 복이었다면, 그 복을 받게 해준 형에게 늘 감사해야 하지 않을까

형은 늘 마음에 짐이 있을 거야 형이 잘해야 한다는 것

형이 동생보다 나아야 한다는 것, 어려서부터 그렇게 기대하고 가르쳤기에

사랑은 조금이고 엄마의 기대치만 많았을 거야 형이 바른 정치를 하도록 너와 내가 노력을 하자꾸나 그리하여 부모가 늙고 힘이 없을 때 너에게 형이 있다는 것만으로도 큰 힘이 되는 날이 있을 거야

부모의 역할을 잘해야겠다는 생각으로 형에게 야단도 많이 쳤다

이게 아니라고 생각한 것은 너를 양육하면서 깨달

은 것이 많았기에 회초리보단 사랑의 힘이 더 크다는 것도, 내치기보단 끌어 앉는 것이 중요 하다는 것도, 태교도 교육도 사랑도 처음으로 하는 모든 것, 형이 먼저 다 감당했잖니

엄마의 잘못이 크지만, 형을 사랑으로 따르고 형을 섬기는 동생이 되길 부탁한다

어머니 무덤

살어리 살어리렸다
무슨 말인지 들리지 않았다

버선발 하얀 모습을 그렇게 보이고
가슴 한쪽 까맣게 물들이면서도
어미의 모습이 그렇게 하얀 버선발인 줄로만 알고
살았다
고픔을 느끼지 못해 늘 투정이 빨랫줄처럼 늘어서고
모자람을 알지 못해 거덜을 내곤 했다

어느 날
어미의 웃음소리로 손님을 맞이하던 날
장독의 커다란 독 안을 바라보며 들썩이던 어깨
어미의 모습이 어찌나 낯이 설든지
이해할 수 없었다
그랬다

아비가 한량으로 동네 한 바퀴만 돌아도
어미는 아비의 벗 자락에 막걸리 주전자를 디밀고
박박 소리 나지 않은 안주는 늘 진수성찬이었다

오라비 셋은 철이 들면서부터 어미의 모습이 안타
까웠고
어미의 나이를 넘고도 여식은 여전히 시린 어깨와
고운 모습이 포근한 안식처로 보였다
그렇게
언제나처럼 웃는 모습으로 머물러 있을 어미로
여식은 의심치 못했다
그곳엔
운동화를 신어야만 올라가는 산 중턱
외로운 서쪽 새 둥지를 트는 그곳
여식은 서러움에 그리움에 떨며 한 번도
오를 때 오르지 못했다

땅의 기경

솟아나는 사랑으로
꿈틀거리는 소망으로
송송 비집은 자제함으로

오늘 거두지 못한 사랑과
흘러내리는 나의 죄를
주워 담으며

밤하늘 빛나는 별처럼
갓 태어난
아기 눈빛처럼

벅차오르는 뜨거움과
두근거리는 가슴과
인정하는 눈물로

고여 있는 묵은 땅
갈아엎은 놀란 흙 속에
사랑의 씨앗을 뿌리게 하소서

어린 왕자

꽃에 물을 주어야 해
물을 찾을 수 있을까

별을 따 반짝이게 해야 해
하늘을 볼 수 있을까

꽃을 피울 수 없어
하늘에 이슬이 맺어

가슴 아파 외로운
빛나는 별빛들

그리움 · 1

메어지다
  메어지다
    쓰러지다
      쓰러지다

앉은뱅이
가슴만 커지는
공연히
바다가 그립습니다

그리움 · 2

강을 채우지도
바다를 건너지도
작은 도랑조차
만들지 못하면서
쉼 없이
그리운 줄기가 흐릅니다

섞인 크레파스

선생은 칠판에 붙어있고
스승은 꽃가루 되어 운동장을 떠돌고
학생은 분필 속에 들어 있는 교실

남편은 술병 속에 꽃을 피우고
아내는 뻐꾸기 새끼 키우고
집을 잃은 주방

부모의 사랑은 사라진 지 오래되고
호적만 남아
조상만 늘어나는 화려한 제사상

우물

뜨거운 가슴 속
꿈틀거리며 올라 온 눈물
차갑게 식어 버린 얼굴 위로
심장의 따끈함이 첫 인사한다
다시금 퍼 올리는 우물
끝없이 새어 나오는 줄기
시작이 어딘지 알 수 없지만
어제도 그제도 새로운 우물
허름한 두레박엔 늘 넘치는 눈물

의자

아주 깊고 그늘진 숲에
커다란 나무 한 그루 있다
울적한 마음일 때 비가 내리면
숲을 찾았다

어서 오라는 인사 없어도
서글프지 않았다

햇빛을 피하지 못해
구슬땀을 흘려도
많이 더워 힘들었냐는 안부 없어도
가슴은 항상 시원했다

인사도 안부도 묻지 않지만
그늘을 생각하는 것
그것만으로도 행복했다

입버릇

사랑하지 못한 사람 너무 많아
주여
가슴 애리도록 안타까운 사람 너무 많아
주여
푸른 하늘 바라보며 죄스러
주여
동작 하나하나에 감사해
주여

수없이 많은 시간을 내가 어찌할 거라
고민하고 갈등한 세월 어디 가고
한 가지도 할 수 있는 게 없음을

이제사
주여주여주여

너

너는 왜
커피잔이어야 하는지

너는 왜
눈물을 쏙 빼는 겨자 맛이어야 하는지

너는 왜
한 번에 마실 수 없는 설렁탕 국물이어야 하는지

너는 왜
잡탕을 넣은 비빔밥이어야 하는지

너는 왜
양념이고 섞음이었던가

전곡역

활기찬 움직임으로 조용한 이곳은
국방색 젊음으로 삼삼오오 거리를 누비는 주말
그들의 웃음으로 한산한 전곡역 광장은
서울서 면회 온 아가씨들을
마중 나가기 위해 경원선은 꽃무늬 원피스를 입었다

당신은 나의 햇살

사방이 막히고 출구의 문이 닫히면
백열등 전등 아래 아무도 보이지 않고
거울에 비치는 엉클어진 얼굴
날로 사람 같아지는 모습에 감사가 노래처럼

예쁘게 단장하고 부족한 것 감추기 위해
어적어적 걸치고 감싸, 한 발짝 내디디면
상처의 다리보다 부끄러운 나의 마음
당신 품에서만 내 허물이 보이지 않고
당신 품에서만 숨을 쉴 수 있음을 이제야 압니다

나의 쉼터이고 나를 서게 하시는
당신은 나의 햇살입니다

3부

그들의 여행

저녁

아이들이 뛰노는 시멘트 운동장
시끌시끌 재잘대던 소리가 조용해지면
아파트 가구마다 황톳빛 불이 켜진다
오늘도 어김없이 조금 자란 고사리손
온몸에 먼지 씻기고 나면
앞치마 두른 엄마 품에 안겨
김치 냄새에도 행복한 얼굴
뱃속에 천사 시장기를 재촉한다
바쁜 엄마 손동작 이야기 반찬을 마련하고
동그란 두레상에 모여 작은 숟가락에
동화를 얹으면
재잘대던 아이들 맛있게 웃고 있다

아쉬움

오늘이 끝인 것처럼 다 쏟아 버렸지만
홀씨만 한 잔재가 깊숙한 곳에 남아
새로운 날을 시작하는 빛이 되는가보다
발끝에 채는 자갈 얼굴에 스치는 바람
마음을 흔들며 지나가는 아픔까지도
붙잡는다고 멈추지 않을 시간이
자꾸만 손짓을 한다
지나오면서
거두지 못한 일상을 가져가라고
앞서며 처진 크고 작은 이야기들
추억이란 둥지에 울타리 치며
아쉬움이 자라고 있다

친구

공허한 마음을 가림없이 보여줘도
서로에 대한 줄자가 없었던 우리
손바닥을 보여주듯 버선을 뒤집어 보듯
마음 모양새를 고스란히 보여주던 우리
천 원짜리 뷔페로도 배부르고
종이컵에 커피를 마셔도
명동성당 벤치는 우아했었지
가끔 너를 생각하는 것만으로도
하루가 즐겁고 행복하단다

보고 싶다 친구야

뒤란 감나무

먹고 싶은 마음보다
나무에 오르고 싶어
설렘이 두려움 밀쳐내고
스멀스멀 오르던 감나무

미처 빨개지지 않은
붉게 보이는 감을 따기 위해
어설픈 용기를 내던 그때

참새 다리만 한 몸을
놓아 버리고만
가지 많은 감나무

눈물 담긴 풍선

저녁밥을 지으며 괜한 생각에
피곤에 지친 당신을 보며 울었지요
왜 우냐고 묻지도 않고 포근히 안아주면
절절한 친정엄마 생각이 날아가곤 했지요

사내아이 둘을 키우다 보니
귀저귀와 우유병에 시달려 다녀왔어요~
맞이하는 인사도 못 했지요
큰 아기가 어서 자라야 하는데 하면
스르르 피곤이 풀리곤 했지요

까닭 없이 슬퍼지고
공허한 울분이 녹아들 때
가장 슬프고 더없이 외로울 때

그때를
그때를 사랑합니다

삶을 마시며

보이고 싶지 않은 생활의 얼굴들이 배속 아래부터 목구멍까지 꽉 찬 가스처럼

생명의 연장을 위협하고 있습니다

더 살고 싶고 더 버티고 싶어 청심환 표 소주를 마셨습니다

작은창자 큰창자가 건반을 두드리듯 작은 소리로 삐걱이는 소리를 내며

웃음의 문이 열립니다 기분 좋아 한잔을 마셨습니다

세상살이가 쉽지 않고 항상 춥다며 소주를 마시면 마음이 더워진다던

오빠의 술 취한 음성이 귓가에 가득합니다

눈에 넣어도 아프지 않다던 예쁜 단지들을 남겨둔 채 멀리 떠나가신 오빠를 생각하니

가슴이 아파 한잔을 마셔 봅니다

과욕을 버리지 못하고 땅을 베고 누울 수 있는 여유를 잊은 채 공중에 매달려 날개 푸덕이는 한 마리 작은 새가 가여워 또 한잔을 마셨습니다

뭉클뭉클 가슴을 누르던 돌덩이가 하나씩 와르르 모두 내려앉습니다

한잔을 마실 땐 고름 진물이 흘러 내릴 것 같지만
또 한잔을 마시면 모든 핏줄을 흔들어 춤추게 합니다
웃음 띤 얼굴로 구석구석 환한 생활이 되고 싶어 다시 한잔을 마셔 봅니다

느티나무

아주 깊고 그늘진 숲에
커다란 나무 한 그루
울적한 마음 일렁일 때나
비가 내리는 그때
그곳에 나무를 찾았다

어서 오라는 인사 없어도
서운하지 않았다

햇볕을 피하지 못해 구슬땀을 흘려도
나무 그늘을 찾으면 조용히 땀을 쉬게 했다
많이 더워 힘들었냐는 걱정 없어도
가슴은 항상 시원했다

비가 오거나 햇볕이 따갑거나
늘 나무를 그리워했다

인사도 없고 안부도 묻지 않지만
나무 그늘을 생각하는 것
그것으로 행복했다

줄기

소설을 읽으며
사랑하는 연인들의 이별 장면에
울고 싶지 않아 입을 벌리고
살며시 웃었습니다
입은 웃고 있는데
눈에선 그러질 못했습니다

사랑하려 애쓰다 가신 임
떠난 임을 생각하니
가슴이 아려 눈 속에
물줄기를 막아버렸습니다

눈은 감고 있는데
뜨거운 이슬이 콧속에
작은 도랑을 타고 흐릅니다

눈과 입을 떼어내려
보지도 말하지도 않으려니
어느새
눈에 물, 코에 물이 서로 만나
뛰고 있는 심장을 향해
입으로 흐르고 있습니다

물의 품

작은 돌맹이를 지나고 돼지풀 억새를 잊으며
허기진 물이 흐르는 도랑을 재우고 싶습니다
목이 말라 비가 오길 기도하고
저수지가 채워지길

나무가 그립고 적지 않은 모래가 생각나고
적막하면서도 즐거움이 흐르는 그곳이 그립습니다
늘 흐르는 잔잔한 물의 품에서
그렇게 살아가고 싶습니다

--> <--

---> 였구나
---> 였어

였구나 <---
였어 <---

---> <---

허기지고 흩어진
갓대일 수밖에

붓

용암처럼 진저리 내며
끓고 있는 것은
작은 씨앗 품은
가슴일 뿐

손가락 벌려
힘껏 움켜쥐어도
물 보다 더 간절한
이슬이란 흔적뿐

어떤
방법으로도
붓을 들어
베어 버릴 수도 없는
그것이
안타까울 뿐

옛날엔

가슴 풀어 헤쳐 훌훌 벗어 던지고
미쳐 집 나간 어머니도 많았다는데

화병으로 가슴앓이한 순덕 어머니
불치병도 아니면서 세상 뜬 개똥 엄마
옛날엔 그런 엄마도 참 많았는데

9시 뉴스에선 정분난 남자와 편먹고
남편을 죽였다네

두 아이 집에 두고 집 나간 지 석 삼 년
착하기도 하지 남편을 죽이지도 않고

어른들이 종종 하는 말 옛날엔
손과 발 바삐 움직여야 먹고 살았다나

허긴
좋아지긴 했나 봐
저고리 풀어 헤치고 집 나가는 일도
가슴이 썩어 땅에 뿌리는
어머니도 없으니

전화벨

혼자인 세상 외롭다고
혼자인 사회 두렵다고
혼자인 울타리 무섭다고
혼자인 마음 울적하다고

잠자는 수화기 울리고
잠자는 슬픈 음성 울리고
외쳐도 응답 없는 외침을
빨간 외침으로 밤을 깨운다

희망

부서질 것 같은

어둠과

꿈틀거리는

바램을 안고

무거운 창문을 열면

또

다른 아침이

환하게 다가온다

결정

어디로 가고 있는지
머리도 발바닥도 출발 지점도
기억하지 않았다

신발은 신었는지
밥은 먹었는지
거울은 보았는지
심장은 뛰고 있는지
맥박 수 재보지도 않았다

그러나
상체 중심에 있는
그것은 알고 있다

모든 움직임을

도시

가슴을 열면
빌딩 사이로 이별이 찾아올 것 같다
하얀 콘크리트 서리가 입가에 서걱이고
표현의 자유를 묶어 버린다
하늘 향해 눈 뜨고 있는 길가의 가로수
차가움과 공허한 잎 새의 틈을 두려워하며
몸서리치고 있다

오가는 따사로운 눈빛도
어제와 오늘을 이어주지 못하는
도시의 정돈됨이 딱딱한 명암으로 다가온다
솜털이 뽑히는 아픔으로 빌딩이 올라가고
한 잎 한 잎 쌓여 가는 먼지의 꽃으로
그리움이 덧 입혀지는 도시

행복한 움직임

머물 수없는 향기에도
마음이 날리고
하루에도 수십 개의 뇌파가
삶과 죽음을 번갈아 연주한다
절여진 가슴은 상처로 채워지고
아릿하게 느껴지는 고열의 바이러스와
녹아내린 마음만 고요히 흐를 뿐
온몸을 통해 무지개 형상이
날개 달고 허우적대는 그것은
움직이는 바이러스

어느 슬픈 날

천둥소리가 가슴에서 시작됐다

양 볼과 콧등이 시위를 했다

손가락만 한 침을 찔렀다

결국 그들이 원하는 것을

남김없이 흘려주었다

두 개의 동공은

인연 따라잡기

예쁘고 고운 자식 생각만 해도 가슴이 벅차오른 답니다

밥알을 씹어 제비처럼 입에 넣어 주고도 싶고

다 커버린 자식을 품에 안아도 주고 싶답니다

업어 주던 때도 부모이고 자식이 자식을 낳았음에도

부모라고 그 또한 자식을 그리워합니다

다시 태어나 부모를 자식으로 두고 싶답니다

자식은 자식이 있고 자식은 부모도 있답니다

그들의 여행

어느 곳일까

바람 세월이 에게 선물로 받은
이야기로 뭉친 모래 덩어리와
선인장이 유난히 잘 자라는 곳

서로가 다른 언어를 가지고 여행을 떠났지만
그곳엔 왠지

같은 모양의 짐들이 내려져 있었다
물과 물고기 새와 가시 동물
깃발엔 알 수 없는 문신을 새기고
다 부르지 못한 노래 테이프와
반쯤 남은 알코올을 들여다보며
언제 되돌아갈지 모르는 여행을

그들은 즐기고 있다

비행기 날개

붉은 피의 맥으로 시작된
태아의 움직임처럼
서서히 조금씩 진동을 느끼며
작은 점들을 따라 올랐다

바라보는 모든 것들이
고향을 찾는 간절함으로 그렇게
그렇게 오르고 있었다

거센 바람에도 흔들리지 않는 날개
보이지 않는 안개 속을 당당히 휘젓는
그 모습과는 달리 작은 미동에도 흔들리는
마음 밑 날개를 보았다

몸체보다 훨씬 커 보이는
비행기 날개가 백합처럼 아름다웠다

촛불의 기도

날마다 새롭게 자라는 젊음을 헛된 욕망이 되지 않기 위해
새벽 기도 만큼 차갑고 진실된 촛불을 밝혀야 했습니다
메어진 줄들이 너무도 벅차고 힘겨워 정해진 영역 밖으로
밤마다 꿈속을 탈출하고 깨어나면 스스로 사슬을 메는
뜨거운 자해를 위해 눈물의 촛불을 밝혀야 했습니다

손을 넣으면 잡히는 주머니 속 먼지 같은 믿음
걸어가는 길조차 안개로 덮여질 때
사막이나 광야보다 무서움이 밀려올 때
한 줄기 빛을 위해 촛불을 밝혀야 했습니다

또다시 날마다 사랑하기 위해
가슴 언저리에 뿌린 소금을 위해
얼굴 위에 널려진 낱자들을 위해
어젯밤을 하얀 밤으로 새운 외로운 삶을 위해
원하건대
꺼지지 않고 향기 나는 촛불을
조심스레 밝히고 싶습니다

4부

햇빛의 마실

여자

보고 있다
가슴만 있는 그림을…

여자는찾고있다나무복도를따라
종종걸음으로때론조심스레때론
슬픈눈빛으로올렸다내렸다손을
움직이며여자는다시돌아가려한다

아무 말도 없이…

맹물 + 라면

허기진 창자
잔 서리 맞은 새벽 함께 즐기는
때 늦은 지친 위장 거부감 없는 벗
뜨거운 선 김 사라진
찬밥과 라면은
웃음을 함께하는
젊은이의 간식이라던데

후우~
뚜껑에 라면을 먹던 열정

왜 없을까
왜 없었을까

일식 십이 찬을 거절하며
맹물이 끓고 있다

24시간

무엇이든 뛰어 보고 싶을 땐
오전 6시 30분

사계절 무수히 흐를 땐
오후 2시 10분

아쉬움과 따뜻함이 물들 땐
밤 11시 59분

돌아볼 때마다
초침 분침 시침

같은 시각
다른 시침

물이었다

구름인 줄 알았는데

연못인 줄 알았는데

물이었다

물이었다

겨울은 겨울로 남았으면

우연히
산을 보았다

발끝까지 차오른
봄을 보았다

언 땅이 열리고
움들이 마중 나온

겨울이 움츠린 문턱에
골짜기 얼음 물줄기에

겨울이 지나온
겨울을 보았다

아마도

절망이 채워지는 소리
귀가 먹고 있구나
자고 깨도 자고 깨도 풀리지 않는
어둠의 자락 여전히
어깨를 누르고 있구나
습기 묻어나는 새벽 오열하며 불러도
희뿌연 안개 떠나지 않고
지친 호흡 위로할 수도
안을 수도 없구나
끝없이 붙어 있는 가래처럼
답답한 아침이었구나

햇빛의 마실

장마가 시작되던 날 숲속은
나무와 모래들 하늘을 향해 조심스레
기도를 올리고 바위는 제 무게를 과시하며
빠르게 시작된 장마를 맞이한다

골짜기에 내리는 조각 비
장대비에 밀려 어디론가 몸을 피하고
고약한 장대비는
조금의 흙과 모래로 지탱하는
물 넘어 다리를 위협하고 있다

흙은 신으로부터 받은 강한 힘으로
다리 붙들고 흔들림 없이 서 있으라는
믿음의 밤은 그렇게 서서히 지나가고

평화로운 아침
커피잔으로 전해지는 따스함
햇살이 생긋 마실 나와 노닐고 있다

몸살

털끝 하나 움직일 수 없었다
팔다리 머리 어디 하나 아프지 않은 곳은 한 군데도 없었다
식사 준비를 해야 하건만
탈이 난 몸은 아무리 타이르고 구슬러도 움직이지 않고 해야 할, 해내야 만 할
주부의 책임을 제쳐 놓고 미라의 형상처럼 누워만 있었다
속은 타고 마음은 답답했다
온 집안은 차곡차곡 쌓인 먼지와 손의 온기를 기다리는 것들은
짜증을 내며 제각기 투정을 하기 시작했다
아이들이 스스로 끓여 먹은 라면 냄비와 우유컵은 싱크대에서
종일토록 물장난을 치고 있으며
식탁 위엔 라면 가닥이 나태와 하품을 즐기고 매일 벗어 놓은 옷들은
평소엔 엄두도 못 내는 곳들을 신이 나서 구석구석 여행 중이다

양말은 방바닥을 만나 묘하게 참을 수 없는 향수를 만들었고

벗어 놓은 옷들의 팔과 다리는 역할이 바뀌어 다리로 책장을 넘기기도 하고
팔들은 의자에 끼어 맨손 체조를 하기도 한다
혼미한 정신으로도 도저히 봐줄 수 없는 상태였다
젖 먹던 힘까지 빌려서 정리라는 것을 시도했으나 솜털 하나도 움직이지 못했다
눈알은 천정에 붙어서 누워 있는 나를 조롱하고 등짝은 언제부터 방바닥과
밀착 관계가 됐는지 자리를 떠나지 못했다
코는 여태껏 맡아 온 냄새에 구역질이라도 났는지 남자아이들이 뿌려 놓은
변기 주변의 냄새를 감지하지 못하고도 너무도 태연했다

이젠 몸을 위해 무엇이든 먹어 줘야 했다
씹어주고 삼켜 주어서 내장 위장들이 즐거워했던
그래서 늘 그 길을 투정없이 행복한 표정으로 해왔던
당연한 일들을 입은 하지 않았다

혀를 간신히 굴려서 이빨의 도움을 받아 음식을 뱃속으로 넘기려 해도 목젖이란 두 녀석은 그 좁은 길을
퉁퉁 부은 얼굴을 하고 더욱 길목을 좁혀왔다

뱃속으로 들어가는 것을 포기하지 않을 수 없었다
몸은 기관들의 파업을 어찌해야 할지 암담했다

생각과 고민 끝에 강압 진압을 하기 위해 병원을 찾았다
간호사가 쥔 주삿바늘을 보고 핏줄과 살들은 심한 반항을 했지만 망설임 없이 주사기는 엉덩이에 꽂이고 말았다

그러고도 일주일
진액을 빼는 파업은 나를 더욱더 초라하게 만들었고 미리미리 노동의 대가를 충분히 지불하지 않은 죄로 머리털만큼 많은 숨구멍이 토해내는 오물을 뒤집어쓸 수밖에 없었다
만신창이 된 육신은 패잔병의 허탈감으로 일어서야 했다

천장에 붙은 눈알은 새로운 맘으로 자리를 잡았고 퉁퉁 부은 목젖은 맵고 뜨거운 국물로 눈물을 쏙 빼고는 길을 열어 주었다
의자에 끼었던 팔과 책장을 넘기던 쭉 뻗은 다리

모두 세탁기 속으로 들어가며 나를 사랑하고 아끼는 것이 모두를 사랑하는 것임을 깨달으며 새로운 다짐을 했다

당신의 키만큼 시집을 냈다는 어느 시인

늘
먼 곳에 꿈을 그리는 마음으로
이상의 여인을 사모하는 설레임으로
절절히 가슴에 품은 말들을 풀어 헤치던 시절
뭇 여인의 향기로 밤을 지샌다던 그 시인은
자신을 속이고 감추며
어느 날 거짓처럼 아내가 흙으로 돌아갔을 때
이슬 같은 고백을 합니다

아내와의 이별이 그립고 길고 긴 이별이었다고
습관처럼 뇌이고 있습니다
아~
이렇게 시인의 말은 시인의 글은
독자의 맘을 아프게 합니다
시인이 슬프면 슬픈 것이고
시인이 아프면 아픈 것인가 봅니다

둥지를 떠나 방황하던 지난날들을 접어두고
아내의 죽음에서 외롭고 그리운 긴 밤이라
당당하게 말할 수 있는 것은

그가 시인이기에 시인은
정착할 수 없는 고달픈 달구지이며
흔들리는 갈대이기 때문인가 봅니다

늦은 가을

11월과 12월 사이
가을과 겨울 사이
두 계절을 품은 늦은 달력
가을은 여지없이 십이월을 준비해야 하기에
낙엽은 봄을 위해 땅에 묻히고
겨울의 침묵을 위해 홀연히 떠나는가 봅니다
때 이른 코트를 꺼내 입어도 어색하지 않은 지금
가을은 정도를 요구하고 강렬한 색채 속에서
절제를 찾는 사감 선생처럼 짧은 기간
온 산을 물들이고 그새 떨어져 칠하지 못한
어느 붉은 가을이 못내 그립습니다

가을맞이

밤새오신 이슬에게
맨발로 반가이 악수하며
논두렁을 걷고 싶은 가을입니다
이미 코스모스를 피워내고
고추잠자리도 날렸습니다
해바라기만 해도 서럽지 않을
파아란 가을 하늘

혹 누군가 따가 버릴지도 몰라
높이 매단 하늘 밑에
하얀 제복의 구름을
보초병으로 세웠습니다

호수 같은 하늘에
물고기를 그릴 수 있는
가을 도화지
튼실한 사닥다리를 만들고
무지갯빛 물감을 준비해야겠습니다

낙엽같은 욕심

예쁘고 고운 옷가지
언제부터 생겨난 욕심인지
마음이 설레지만
여인의 탐은 더욱더 초라한
슬픔을 머금는다

들어가지 못할 장미 정원
통로 의자로 대신하고
긴 한숨으로 채우지 못함을
달래 보지만
여전히 백화점 안은 빛나고
여전히 이곳을 서성이고 있다

고운 옷가지만큼이나
고운 여인이 많은 서울
어찌 그리 아름다울까
얼마나 더 살아야
빛나는 날개에
빛나는 그물에
생각도 마음도 지킬 수 있을지
부질없다 부질없다
오르락내리락

퉁퉁 부은 발만 탓하며
살며시 콧물을 닦아본다

천원이와 천원이의 외출

가슴이 아팠다
지갑이네 문을 열었다
천원 쌍둥이들만 있었다
새벽이 더욱 조용했다
창문을 열고 막막한
새벽을 보내고 싶다
멀리 불빛이 보였다
쌍둥이들이 외출을 시작했다

쌍둥이들이 돌아왔다
불빛을 보여줬다
-이보다 더 좋을 순 없다-
사랑이었다
새벽의 쓸쓸함을
진실한 믿음과 사랑으로
비워진 마음을 가득 메웠다
천원 이와 천원이의 외출로
새벽이 환해졌다

비디오테잎 대여 이천 원 2003년

명절

지난날들이 앨범 속에서 누우런 빛을 내어도
누구야 ~부르면 쌩끗 웃어 줄 것 같은
흙내음 군고구마 같은 동무들 사진
각기 다른 모양으로 굳어져 가는 그네들과
잴 것도 으스댈 것도 없던 모퉁이 그리운 명절
명절 음식만큼이나 그리운 이야기
많은 생각들이 반죽을 하고 침묵으로 전을 부치고
방울 매단 낱자들이 먼 고향을 건너고 있다
달빛에 빛나는 송편 살 만큼이나 환한
자음 모음 생각하며 송편 속을 넣는다

밤마실

분무기로 뿌려 놓은 자른 머리털처럼
피곤한 일과에 버팀도 없이 줄줄이
힘없이 그렇게 쓰러져 달콤한 휴식을 먹고 있다

늙나 봐, 늙나 봐 늙었나 봐
잠은 염치도 없는지 이 밤을 야근 중이다

문 닫으려는 눈동자와
불자동차 태양은 퇴근하고
약주 하신 아버지 얼굴 같은
보름달이 보초 서는 시간

잠은 잠을 데리고 외출했고
하품은 오간 데 없이 초롱초롱
지난 발자국에 더듬이 붙이고
긴 촉 따라 밤마실 중이다

또는

맘껏 반기지도 다 하지 못했는데
그새 돌아서 간다고 하는 가을
같은 모습으로
다른 향으로 또 가을입니다
해바라기 하늘 향해 피어나고
코스모스 따가운 햇볕도
거부감 없는 요즘
서늘해지는 바람
또는 누군가
가득하다 풍성하다 말하지만
어느 곳에선 비어 가는 가슴
붉은 낙엽이
뭉게구름 정다운 추억으로 그려지겠지요
어제와 내일이 다르듯 또는 가을입니다

함께하는 그리움

엄마 하며 달려드는 휴가 나온 아들과
명절 음식 나누며 이 얘기 저 얘기
맘 열어 주는 우리 아들 고맙기도
늘 미안하기도 하다

내게 엄마라 불러 주는 아들에게서
나도 내 엄마가 그리운 명절이다

하얀 고무신 뽀얀 색으로 닦아 놓으면
곱게 한복 입고 산 넘고 들을 지나
엄마 당부 같은 따뜻한 잔소리 들으며
촐랑촐랑 따라갔던 외갓집

이젠 하늘에서 걱정해 주실 엄마
그 염려에 잠들지 못하는 파도처럼
보고파서 더 그리운 응원을
아들에게 같은 당부를 들려준다.

오월에

무릎 꿇고 맞이한다는 오월
얼마나 아름답고 귀하면
무릎 꿇고 맞이했을까
푸른 나무 잎새
생리 끝나고
화사하게 치장한
산골 아가씨 모습이다
발가락 세 개를 수술하고
깁스한 다리도
붕대 감은 나의 영혼도
잘 아물길 기도하는 맘이다
비 오는 아침 오월 병실에서

오일장의 여행자들

이른 아침 텃밭 푸성귀를 다듬고 묶어
단을 만들었을 할머니 버스의 첫 손님이다
도시로 출근하는 머리 딴 소녀
물방울 원피스 입고 버스에 올랐다

한 정거장씩 지날 때마다
하루의 기대를 품고 오르는 승객들
저물도록 오가는 버스 안에서는
각기 다른 표정이 그려진다

푸성귀 판 얼마 되지 않는 종이돈을
서너 번도 더 세고는
고쟁이 속 몇 번을 만져 보고 확인한다

물방울 원피스 아가씨는 피곤한 얼굴이지만
핸드폰에 웃음 주는 까톡까톡
버스가 덜컹거리며 산 하나를 넘을 때 기사의 고함이 들리고
할아버지의 곤고한 삶 손에 든 막걸리가 출렁 인다

술 갖고 버스에 오르면 다시는 안 태워 준다는
기사의 엄포도 아랑곳
막걸릿 병은 연신 할아버지에게 달콤함이다

허리 굽어가는 노모를 걱정하는 아들처럼
꽃보다 예쁜 딸 배웅하는 아버지처럼
술 취한 친구의 밤길을 걱정하는 벗으로
그렇게 그렇게 고단한 버스 기사도 손님도
그리운 장날의 여행을 기억할 것이다

유년의 아버지를 기다리던 장날처럼

민들레

봉긋하게 피어나더니
바람결에 나르는 가벼움으로
줄기가 없던 것처럼 그렇게 훨훨
생각이 언어로 탄생하지 못하고
이유 없이 헤매는 낱자들과
떠도는 자음 아쉽다
어디쯤 방황하다
이야기보따리로 안길 것인가
어느 봄날 노란 꽃잎으로
반가이 입맞춤하는 단어
창문 열어 놓고 기다려 본다

『 跋文 』

빛과 희망과 행복 지향의 시편들

공 광 규 / 시인 · 문학평론가

1.

연천 문인협회 회원으로 활동하고 있는 김학란 시인은 2011년 계간 《상록수 문학》으로 등단하였다. 그의 시편들에는 그리움과 외로움, 울적함과 슬픔 등의 심상을 암시하는 어휘들이 분포하는가 하면, 설렘과 행복과 햇살과 벅차오름 등의 심상을 암시하는 어휘들이 같이 존재한다. 그리고 어머니 또는 엄마를 언급하는 시편들이 상당수가 된다.

인간은 몸과 마음으로 결합된 존재이면서 다양한

윤리적이고 도덕적이며 심리적인 층위를 가지고 있는 존재다. 거기다 충동적인 존재이다. 그러므로 한 인간이 부정적 심사와 긍정적 심사를 동시에 갖는 것은 당연할 것이다. 더욱이 시가 사람의 거짓 없는 마음을 표현하는 양식이라는 것이 기본 원리라는 것을 상정한다면, 김학란의 시들은 시의 원리에 가장 충실하고 근접해 있는 것이다.

김학란의 시에는 어머니와 아버지, 아들 등 가족이 자주 등장한다. 특히 어머니는 태어나고 자라면서 육체적 정서적 접촉을 가장 많이 한 존재이다. 잦은 신체 접촉과 정서 교환을 통해 친밀성이 매우 높은 어머니는 살아서나 죽어서도 자식들의 그리움과 애틋함의 대상이 된다. 그래서 시인들의 시를 살펴보면 아버지보다는 어머니를 제재로 쓴 시들이 훨씬 많다.

2.

화자의 아버지는 "예쁜 딸 배웅하는 아버지"이자 시골 오일장 날 시장에서 돌아오기를 기다리던 "유년의 아버지"이다. 시인은 보름달을 보고 "약주 하신 아버지 얼굴"을 떠올린다. 시인이 기억하는 아버지는 시장에서 술을 마시고 돌아와 춤추며 엄마한테 "달콤한 군고구마"를 내놓는 아버지다. 이런 아버지에 대한 단

순하고 적은 수의 기억과 표현에 비해 어머니에 대한 기억과 표현은 상대적으로 다양하고 풍부하다.

이를테면 어머니를 제재로 끌어와 형상한 시들은 「달밤」에서부터 「어머니 생각」 「눈물 담긴 풍선」 「저녁」 「함께하는 그리움」 「옛날엔」 「어머니 무덤」 「같은 모양 다른 모습」 「둘째에게 하는 엄마의 당부」 등 상당수다. 어느 시편들은 화자의 어머니를, 어느 시편들은 화자가 엄마가 되어, 어느 시편에서는 화자의 어머니와 화자 자신을 한 시에 같이 다루고 있다.

> 코스모스 길을 걸었습니다
> 호기심 많은 소녀처럼
> 고추잠자리를 쫓아다녔습니다
> 지치면 잠시 꽃밭에 앉아봅니다
> 끝없는 꽃길을 걷다 보면
> 문득 어머니 모습이 떠오릅니다
>
> 꽃 몇 송이를 꺾어 들고 웃는 딸에게
> 눈으로만 보라며 혼내셨던 어머니
> 밥 짓는 저녁연기
> 산언저리로 번져 오를 때면
> 날 부르던 목소리
>
> 코스모스 핀 길에 서면
> 당신의 따스했던 사랑
> 진하게 저며옵니다
>
> –「어머니 생각」 전문

화자는 코스모스 꽃길을 걷다가 어머니 모습을 문득 떠올린다. 코스모스가 어머니를 떠올리게 하는 기억의 매체가 되는 것이다. 기억 속 어머니는 꽃을 꺾어 흔드는 화자를 혼낸 적이 있다. 그리고 "밥 짓는 저녁 연기"가 피어올라 "산언저리로 번져 오를 때" 화자를 불렀던 기억이 있다. 농경사회에서 보낸 대부분의 사람들이 경험한 낯익은 농촌 풍경이다.

화자는 어머니와 코스모스 꽃길뿐만 아니라 겨울 달밤의 추억도 공유하고 있다. 시 「달밤」에서 화자는 눈을 밟으며 유년의 동심으로 세계로 돌아간다. 흰 눈에서 빙수를 상상하고, 장독대 위에 쌓인 눈에서 쌀밥을 떠올린다. 어머니가 호롱 불빛 아래서 바느질을 하며 장에 간 아버지를 기다리던 것을 기억한다. 술에 취해 기분이 좋아서 집에 도착한 아버지와 아버지의 손에 들렸던 군고구마, 그리고 저녁을 허술하게 먹은 어머니가 군고구마로 따뜻한 허기를 채우던 기억이다. 아버지를 기다리는 어머니와 아버지의 따뜻한 마음이 전해지는 시다.

아이들이 뛰노는 시멘트 운동장
시끌시끌 재잘대던 소리가 조용해지면
아파트 가구마다 황톳빛 불이 켜진다
오늘도 어김없이 조금 자란 고사리손
온몸에 먼지 씻기고 나면
앞치마 두른 엄마 품에 안겨
김치 냄새에도 행복한 얼굴
뱃속에 천사 시장기를 재촉한다
바쁜 엄마 손동작 이야기 반찬을 마련하고
동그란 두레상에 모여 작은 숟가락에

동화를 얹으면
재잘대던 아이들 맛있게 웃고 있다
—「저녁」 전문

이제는 화자가 엄마가 되어 시의 서사를 끌고 간다. 어린아이들을 키우면서 맛보는 행복감을 시를 통해 보여주고 있다. 한참 성장하는 아이들이 놀이터에서 뛰어놀다가 저녁이 되어 집에 돌아와 고사리손으로 엄마의 품에 안겨 행복한 얼굴을 하고 있는 모습이 시에 보인다. 바쁘게 반찬을 마련하는 화자가 선명한 심상으로 보인다. 아이들과 함께 "둥그런 두레상에 모여 작은 숟가락에/ 동화를 얹으면/ 재잘대던 아이들 맛있게 웃고 있다" 표현이 절창이다. 작은 숟가락과 동화, 어린아이들의 재잘댐, 맛있는 웃음 등 비유적 표현들이 일품이다.

시 「함께하는 그리움」은 화자의 아이들이 성장하여 군에서 휴가를 나온 상황을 진술하고 있다. 화자는 "내게 엄마라 불러주는 아들에게서/ 나도 내 엄마가 그리운 명절이"라며 친정엄마를 생각한다. "이젠 하늘에서 걱정해 주실 엄마/ 그 염려에 잠들지 못하는 파도처럼"이라는 문장을 보면 화자의 어머니는 돌아가신 것으로 보인다.

시 「눈물에 담긴 풍선」은 화자의 친정어머니와 사내 아이 둘을 키우는 엄마인 화자 자신을 함께 다루고 있다.

시 「같은 모양 다른 모습」은 화자 자신이 "엄마가 되어도/ 엄마를 따라 갈 수 없"다고 한다. 화자 자신도 "엄마인데/ 내 엄마 같지 않은/ 엄마"라고 자아를 되돌아보고 성찰한다. 대상에 자아를 비추어보는 성찰은 발견과 함께 시의 주요한 내적 요소 가운데 하나이다.

3.

김학란은 청소년기의 기억을 소환해 "생리를 시작하면서 작게 부어오르기 시작한/ 젖꼭지 같은 하얀 감꽃을 보며 눈물이 핑 돌았던 기억"으로 표현한다. 아마 이 시집 가운데 가장 빛나는 서정적 문장일 것이다. 다른 시 「당신의 키만큼 시집을 냈다는 어느 시인」에서도 "시인은/ 정착할 수 없는 고달픈 달구지이며/ 흔들리는 갈대이기 때문인가 봅니다"라고 멋진 발견과 비유적 표현을 발명해냈다.

> 활기찬 움직임으로 조용한 이곳은
> 국방색 젊음으로 삼삼오오 거리를 누비는 주말
> 그들의 웃음으로 한산한 전곡역 광장은
> 서울서 면회 온 아가씨들을
> 마중 나가기 위해 경원선을 꽃무늬 원피스를 입었다
>
> —「전곡역」 전문

몸부림치는 파도의 허기를 채우며
안개꽃처럼 내리는 흰 눈
겨울은 바다가 과식을 하는 계절
바다는 눈으로 허기를 채우고
나무의 허기는
소낙비 내리는 여름까지 기다림을 배워야 한다
굶주림에 아파하는 추위가 아니길
아픈 상처 덧나지 않는
언 가슴으로 누구도 찔리지 않는 고드름이길
한 움큼 잡으면 뭉치는 떡가루 같은 흰 눈이
은빛 내리는 따스한 햇살은 허기를 채우고

－「마주하는 겨울」 전문

내가 아는 한 김학란의 시 「전곡역」은 그동안 전곡역에 대해 쓴 가장 빛나는 시가 될 것이다. 전곡역은 일제강점기인 1912년에 영업을 개시한 오래된 경원선의 한 역사이다. 옛 용산역에서 출발하여 지금은 이북이 된 원산역까지 가면서 들리는 동두천역과 연천역 사이에 있었던 역이다.(졸저, 서사시 『금강산』(천년의시작, 2019) 32쪽 참조) 현재는 한탄강역과 연천역 사이에 위치해 있다.

한때는 포천에서 생산되는 철광석을 포항제철로 실어 날랐다고 하나 2008년 이후 중단되었고 한다. 휴전선과 가까운 북쪽에 있는 전곡역 주 고객은 이곳 주민들과 군인들일 것이다. 주말에 역사와 역 광장에 붐비지는 않지만 젊은 군인들의 활기찬 움직임과 웃음과 면회를 온 젊은 아가씨들의 움직임이 환하고 활발

한 심상으로 잡힌다. 마지막 행 "경원선은 꽃무늬 원피스를 입었다"는 비유적 표현이 절창이다. 주말 전곡역의 분위기 묘사와 표정이 잘 읽히는 시다.

허기는 욕망에서 나온다. 욕망이 없으면 허기도 없다. 「마주하는 거울」은 바다에 눈이 내리는 겨울 풍경의 묘사다. 시적 대상의 묘사에 화자의 서정적 충동을 장전했다. 화자는 바다가 파도를 일으키는 것을 허기를 채우려는 몸부림으로 본다. 시적 대상인 바다에 자신의 허기진 마음을 투영하고 있는 것이다. 바다가 안개꽃처럼 내리는 눈을 허기를 채우려는 듯이 한없이 받아먹듯, 나무가 소나기를 받아먹듯, 허기진 화자는 은빛처럼 내리는 "따뜻한 햇살"을 받아먹으려 욕망한다.

> 눈알을 반짝이며 앉아있는 날치알
> 외로운 자신을 위해
> 멀고 긴 푸른 바다를 건너와 입을 벌린 자에게
> 들어가기 위해 뚜껑이 열려진 참치
>
> —「사각 테이블」 부분

> 가슴 아파 외로운
> 빛나는 별빛들
>
> —「어린 왕자」 부분

> 네모난 상자 안에
> 먼지들이 날개를 접고
> 쓰러져 있습니다
> 먼지에 업힌 꽃들이

그리움에 지친 여자를
물끄러미 바라보고 있습니다
–「정적」부분

강을 채우지도
바다를 건너지도
작은 도랑조차
만들지 못하면서
쉼 없이
그리운 줄기가 흐릅니다
–「그리움 · 2」전문

한 번도 남김없이 토해내지도
한 번도 소래 내 울어보지도
한 번도 마음껏 포식하지 못한
그리움
오늘도 토해낼 허기가 메스꺼움을 느낀다
–「거미줄」부분

화자가 따뜻한 햇살을 욕망하는 심리 저변에는 외롭고 그리운 마음의 서정적 충동이 자리한다. 빛과 어둠, 번잡함과 외로움, 행복과 고통, 신나는 마음과 울적한 마음 등 양존하는 마음을 항상 시소 놀이하듯 가지고 사는 것이 범인의 삶이다.

사람은 밝은 생과 어두운 생, 우울과 조울, 행복과 불행, 선과 악을 같이 가지고 사는 복잡계이다. 시인의 말대로 참된 인생은 "모든 맛이 다 부질없다며/ 빛도 맛도 한결같이 모두를 포용하는"(「사각 테이블」) 배추김치 맛 같이 사는 것일지 모른다. 그래서 하늘의 "빛나는 별빛들"과 "가슴 아파 외로운"(「어린 왕자」) 존재는 동격이 된다.

시 「거미줄」에서 화자는 거미처럼 "한 번도 남김없이 토해내"거나 "소리 내 울어 보지" 못하고 "마음껏 포식"해보지 못한 존재로 표현한다. 이런 화자는 「정적」에서 마른 꽃들과 마주한다. 마른 꽃과 화자를 동일화 한다. "먼지에 업힌" 마른 꽃들은 "그리움에 지친 여자"와 동격이다. 마른 꽃과 여자는 서로 마주하며 바라보고 동병상련의 마음을 교환한다. 사물과 인간의 동화이다.

4.

위에 언급한 시 「어린 왕자」에서 가슴 아파 외로운 별이 빛나는 별빛으로 치환되듯, 화자의 울적한 심사는 결국 행복으로 치환된다. 시 「꽃소식」에서 "가지에 오른 물로 나무"가 "살아갈 힘을 얻"고 설렘으로 미소 짓는 것처럼, 나무와 숲은 화자의 위안처이다. 나무의 위안을 통해 행복에 이르는 것이다.

> 아주 깊고 그늘진 숲에
> 커다란 나무 한 그루
> 울적한 마음 일렁일 때나
> 비가 내리는 그때
> 그곳에 나무를 찾았다

어서 오라는 인사 없어도
서운하지 않았다

햇볕을 피하지 못해 구슬땀을 흘려도
나무 그늘을 찾으면 조용히 땀을 쉬게 했다
많이 더워 힘들었냐는 걱정 없어도
가슴을 항상 시원했다

비가 오거나 햇볕이 따갑거나
늘 나무를 그리워했다

인사도 없고 안부도 묻지 않지만
나무 그늘을 생각하는 것
그것으로 행복했다

－「느티나무」 전문

「느티나무」는 화자가 울적한 마음이 들 때 찾아가 위안을 받고 행복을 발견하는 시적 대상이다. 주인공은 "울적한 마음이 일렁"이거나 비가 내릴 때 화자만이 알고 있을 것만 같은 "아주 깊고 그늘진 숲에" 자라고 있는 느티나무를 찾아간다. 화자와 느티나무 사이는 담담하다. 호들갑스러운 소인들의 사이가 아니다. 여전히 숲속 깊이 비밀인 듯 숨어 있는 느티나무를 생각하는 것만으로도 화자는 행복하다.

장마가 지나가고 해가든 아침 풍경은 깨끗하고 신선하다. 시 「햇빛의 마실」에서 화자는 장마가 지난 아침 풍경을 묘사한다. 이런 "평화로운 아침/ 커피잔으로 전해지는 따스함/ 햇살이 생긋 마실 나와 놀고 있"는 모습으로 화자는 행복에 휩싸여 있다. 장마와 햇살,

밥과 아침, 우기의 서늘하고 축축한 심상과 커피잔의 따스함을 대응시키면서 시를 진술해 나간다. 시 「희망」도 어둠과 아침, 어둠과 환함을 대비 시켜 태풍이 창을 흔들고 지나간 뒤에 "또/ 다른 아침이/ 환하게 다가온다"며 환한 심상으로 시를 마무리한다.

구체적인 나무나 날씨 등이 아니고 관념화된 당신이 화자에게 햇살을 세례 하기도 한다. 시 「당신은 나의 햇살」에서 "나의 쉼터이고 나를 서게 하시는/ 당신은 나의 햇살"이라고 한다. 시의 내용에서 "당신의 품에서만 내 허물이 보이지 않고" 숨 쉴 수 있음을 이제야 알았다니, 당신은 세상에 존재하는 실재가 아닌 종교적 관념인 절대자이다.

밤새 오신 이슬에게
맨발로 반가이 악수하며
논두렁을 걷고 싶은 가을입니다
이미 코스모스를 피워내고
고추잠자리도 날렸습니다
해바라기만 해도 서럽지 않을
파아란 가을 하늘

혹 누군가 따가 버릴지도 몰라
높이 매단 하늘 밑에
하얀 제복의 구름을
보초병으로 세웠습니다

호수 같은 하늘에
물고기를 그릴 수 있는
가을 도화지

튼실한 사닥다리를 만들고
무지갯빛 물감을 준비해야겠습니다

– 「가을맞이」 전문

김학란은 자연 현상인 밤과 이슬에게도 경어를 사용하고 존칭을 사용하며 의인화한다. 자연현상과 함께 가을을 같이 논두렁에서 맞고 있는 시인의 자연 친화적 생활이 시로 읽힌다. 구름을 하얀 제복을 입은 보초병으로 의인화하고 있다. 친자연적인 상상에다 시적 공간이 광대하다. 여기서 화자는 하늘을 도화지로 상상하며, 구름에 사다리를 걸쳐놓고 물고기를 그리겠다고 한다. 「한 줄시 · 3」에서 화자는 "구름 사이로 숨은 달빛/ 근심 가득한 표정으로" 내일의 흐린 날씨를 예견하지만, "아우성치듯 벚꽃이 만개하는 요즘" 같은 날을 기대한다.

김학란의 시는 밝고 희망차다. 시 「땅의 기경」에서 보여주듯 "밤하늘 빛나는 별처럼/ 갓 태어난/ 아기 눈빛처럼" 반짝이는 세상, "벅차오르는 뜨거움과/ 두근거리는 가슴"과 눈물을 가진 인간을 위해 "사랑의 씨앗을 뿌리게"해 달라고 기도한다. 그리고 씨앗에서 작은 움들이 나오는 생명의 경이로움에 감탄하고, 움이 커서 푸른 숲이 되어 그늘을 만들고, 숲에 내리쬐는 햇살에 마냥 행복해한다.

5.

김학란은 시 「붓」에서 진술하였듯, "용암처럼 진저리치며/ 끓고 있는" 가슴에 "작은 씨앗"처럼 시심을 품고 사는 시인이다. 욕망은 무형이어서 손으로 쥘 수 없다. 그 무형의 욕망을 유형의 사물로 멈추게 하는 방법은 붓질을 통한 문장뿐이다. 그러나 가슴 속에서 용암처럼 끓고 있는 씨앗을 발아 시켜 완전한 문장으로 만들어내기는 불가능하다. 그러기에 인류는 이 정복 불가한 시의 매혹에서 벗어나지 못하는 것이다.

이 매혹의 문장구조 안에 김학란은 시의 본질인 거짓 없는 마음을 배치한다. 이 시집에서 도드라진 마음을 어휘로 들어낸 시가 어머니와 아버지 등 가족이 등장하는 시편들이다. 그다음이 울적하고 외롭고 그립고 슬픈 자아를 드러내는 시편들이다. 그리고 이런 상황에서 적극적으로 빠져나와 희망과 행복으로 견인된 환하고 빛나는 세계를 열망하는 시편들이 보인다. 인간은 이 두 세계, 즉 빛과 어둠, 희망과 절망, 행복과 불행 등이 혼재한 상태로 일상을 영위하다 생을 마감하는 존재다.

어쩌면 인간은 "가장 슬프고 더없이 외로운" 존재이면서, 가장 밝고 맑고 환한 세계를 지향하는 양가적 존재, 이 두 세계가 동시에 내부에서 끓어오르며 외부의 조건에 응전하면서 성장하고 소멸을 반복하는 존재일지 모른다.

인간의 다층적이고 중층적인 마음을 형상한 김학란의 시를 많은 독자들이 만나길 바란다.

Kim Hakran

다시올 시선 040

인연 따라잡기

초판인쇄 2021년 2월 1일
초판발행 2021년 2월 10일

출판등록 | 제310-2007-00028

지은이 | 김학란

발행인 | 김영은
펴낸곳 | 다시올

주　소 | 서울 노원구 광운로 32, B01호
전　화 | 031-836-5941
팩　스 | 031-855-5941
메　일 | maxim3515@naver.com

ISBN 978-89-94414-98-0 03810

정가 10,000원